Creating the Future

クリエイティング・ザ・フューチャー

——未来創造

西園寺昌美

白光出版

まえがき

人類は種々さまざまな手段を利用して、自分に今課せられている問題を解こうとする。それは、あたかも船が突然の嵐に遭遇し、太陽も星も何もない真っ黒な海を彷徨いつつ、過去の記憶や経験を駆使し、ついには灯台を見つけて救われるが如くである。

同様に、人生において突然の差別や批判や恐怖に襲われた時、人間は過去の記憶や経験を基に、その原因や問題を解決しようと必死に努力する。

しかし、なかなか真の答えを見出せず、ますます苦悩のどん底に迷いこんでゆく。そのような時に一体どうすればよいのか。

その答えは、人間一人一人の中にある。誰しも自らの内に神聖なる光を内在しているものである。人間は本来、いかなる恐怖や不安にも、決してたじろがない偉大な能力や可能性を秘めている。さらには天地を貫く神聖なる直観力が一人一人のＤＮＡに深く刻印されているのである。

その直観力の光の閃き、きらめきこそが難題解決の鍵を握っているのである。

人類は長い歴史の中で、自らに内在する天性の直観力を見失い、代わりに日頃の習慣や体験、そして知識や情報を求めて解決法を見出してゆくようになった。さらには他のエキスパートや他の判断に任せて自らの人生を決定している状態である。まさに、自分自身で決めた人生ではなく、他が決めた人生を生きているのである。そしてまた、苦難や災難が生じた時には、自分で責任を取ろうという気概がなく、他に責任を転嫁してしまうのである。

そうだとしたら、この人生は一体、誰の人生なのか？

一番大切なことは、「自らの人生は、自らの日々の選択、決定によって築かれてゆく」ということである。自分が何を選択、決断するかで、素晴らしく輝かしい人生が築かれるか否かが決まるのである。

本書には、その方法や解決法が書かれている。皆様のお役に立てれば幸いである。

平成二十七年十一月

編集部

クリエイティング・ザ・フューチャー
——未来創造

目次

目次

まえがき　1
第一章　常識を超え、常識を変える　7
第二章　神性を復活させる　49
第三章　人間の運命　83
注の参照　参考資料　115

第一章

常識を超え、常識を変える

人生というのは選択と決断以外にありません。自分がしたことを見つめて「もう再びしない」と思うのはとても大切な、尊いことです。しかし、過去の自分を責め裁く必要はありません。ああすればよかった、こうすればよかった……と悔やみつづけることもないのです。「あの人に悪いことをした」「あの人からこうされた」「あの人から騙された」「赦せない」「悔しい」夫、上司、友達……いろいろな人間関係の失敗を思い返すことも、人生には必要のないことです。その時間とエネルギーは、自分の人生を決して良い方向には導かないからです。過去を大事に抱え込み、思い返して自分や人を責めてばかりでは、決して新しい未来は築かれないのです。

未来が変わらないのは過去のせいではないのです。自分自身が過去を基準に選択しつづけてしまうから、過去の延長線上の未来がやってくるのです。どんな選択をしても、それが過去を基準にしたものであれば、未来はなかなか変わらないのです。

これからは果因説[注1]です。未来はどのようにして創られるのか。自分の今の想い、今の選択が未来に積み上げられ、それがやがて自分に返ってくるのですから、過去に注ぐエネルギーと時間があったら、ぜひ果因説に、現われてほしい未来に意識を注いでみてください。少しずつ過去から意識を離し、未来にこうありたいというところに意識を注ぐのです。そうすれば、未来の青写真は徐々に変わるのです。過去の延長線ではない、新しい未来が築かれていくのです。

未来、どういうものを希望しているのか。未来、どのような道を行きたいか。未来、どんな健康状態にありたいか。未来、どういう老後を送りたいか。人生の決定的な選択は、日々行なわれています。一瞬一瞬の、今の未来志向。この未来志向が人間の人生における一番大事な選択なのです。

何かを選択決断する時に、この人に騙された、この人は止めよう……という過去を基準にして選択するのではなく、今の自分の意識を変えてから、改めて選択するのです。自分がどんなに「過去にあの人がこうした」と思っても、した人はすっかり忘れています。夫婦喧嘩もそうです。何十年も前のことを持ち出して「あなたは四十年前、そうだった」と言っても、相手は忘れています。それを摑んでいるのは自分自身だけです。自分自身が過去のものを摑んでは引っ張り出し、苦しんでもがいて、傍にいる夫や妻を責めつづけているのです。

過去は過去です。相手は相手です。そして、自分は自分です。

自分を取り巻くのはひどい環境だ。人間関係もダメだ。体調も優れない。自分は癌を宣告された……。そのような中でも絶対に希望はあるのです。未来はあるのです。誰にでもあるのです。

宗教家や占い師が「そんなに苦しいの、ああお祈りしてあげよう。いくらもっておいで。はい祈祷したよ、大丈夫よ」。「それが治るためには、こういうことしなさい」。それは教えられて押しつけられたことです。押しつけられてやることは、どんなにいいことでも心に通じないのです。心の底から自分がやりたいと思うことでなければ通じません。

では、自分が心からやりたいこととは、一体何でしょうか。「人のために尽くしたい」「人のために役立ちたい」これです。そしてこれが本来の選択の基準なのです。

まずは自分のために基準を設定していい。しかしお金も貯まった、家もある、健康もまあいい、家族もまあいい、だけど何か毎日が虚しいと思ったら、本当に自分がしたいことを見直す必要があります。そうでないと、充分すぎるほど物質を得ても、また次なるものを求めてしまう。決して満ち足りないからです。一番大事なのは魂、心の満足です。

心の飢餓が、最も自分の生命のエネルギーを奪うものなのです。

では、心が飢えていた場合、自分は何を得たらよいのでしょうか。お金、贅沢、名誉、権力、成功、成就を得ても、最終的にその人は満足できないのです。人間というのは、外から得るだけではなく、自分の内から迸《ほとばし》る生命のエネルギーを人のために使いたい、誰かの役に立ちたいのです。

例えば、川で赤ちゃんが溺れていたとします。その時、人はどの国のどの宗教の子どもかなど、とっさに考えません。考える間もなく、助けようと力を尽くすのです。これが人間の生命の根源に流れているものです。そこには自分の生命の尊厳と他の生命に対する畏敬の念があります。

これを今、全人類が忘れ果ててしまった。自他の生命の尊厳を忘れ果ててしまった。生命というものは本当に尊い。生命というものは何でも出来る力を持っています。自分に固定観念さえなければ。

固定観念を打ち破るというのが私の天命、私の生き方です。固定観念というのは何かご存知でしょうか。生まれた時から今までズーッと固定観念は付いて回ってきました。これをしてはいけない。これをしたら皆からバカにされる。これをしなければいい学校へ行かれない。これをしなければ有名にはなれない。これだけなければ贅沢が出来ない。固定観念とはこのようなものです。他人がどう思うかを基準にした、人が創った観念です。

固定観念とは、言い換えれば常識です。今ある常識は神様が創ったものではありません。人間が創ったものです。完璧でない人間が、その時の法律家、政治家、教育者、宗教家が「これをしてはいけない」「あれはしてはダメ」と言ったことが常識になったに過ぎない。常識の中には「みなが困らないように」という愛念から生まれたものもありますが、結果的に人は常識によって、自らがどうありたいか、自らが何をしたいのかまで見失ってしまった。常識の枠をはずれた者が出てくると、それをまた規制する枠が生まれ、それがどんどん人間の自由性を奪っていったのです。

人間は本来、誰からも縛られることなく全く自由なのです。

さまざまな常識、社会により自由を束縛されている人を見ると、やるせない想いに駆られることもあるでしょう。しかし、もっと突き詰めて考えてみると……その自由を束縛しているのは誰でしょうか？　実はその人自身です。周りから束縛されているように思っているけれども、自分を束縛しているのは、常識を信じ込み、周りの目に把われている自分自身です。

海外でも軍隊を構成するのは若き青年たちです。彼らに本格的な洗脳が行なわれてしまう。テロリストも洗脳です。教育も洗脳となる場合があります。テロリストの洗脳というものは、相手は憎き者なんだ、自分たちの宗教を立派にするんだ、これをやりさえすれば世界が平和になるんだ。一見立派なことをどんどんたみかけ、人を殺させる。ダメな者を殺してゆく。今は三歳や五歳の子どもたちが連れ去られ、洗脳を受け、銃を構えて相手を殺していきます。ひどいことを当たり前のように、覆面してやるのです。小さければ小さいほど子どもは洗脳されやすいのです。

このような世の中を、変えていく必要があるのです。

しかし大人でも、真理を知らない人は洗脳されやすい。また自分の意見を持たない人、個性のない人は洗脳を簡単に受け入れられる。常識や固定観念も一種の洗脳です。

ここで申し上げたいのですが、本当はこの世の中に、宗教は要らないのです。なぜならば、本来、人類一人一人の中に宗教があるのです。どこどこ教、何々教という形の宗教で争っているのはナンセンスです。そのようなものがなくても、本来、一人一人が自分の無限なる直観、無限なる叡智、自分の責任によって自分の人生を選択したならば、心が本当に平安になる。宗教に頼らなくても、自分自身の心の中に宇宙神[注2]と直結した真理そのものがある、直観があるのです。それが自分に流れてくるのです。

ですから、これからは医学も変わってきます。昔のように自分自身の直観で治せるようになります。昔の人たちは、砂漠の中で何千マイル先が見えていました。海のまっ直中で漂流した時に、どこへ行けば陸地が見えてくるかを感じ取っていました。特殊な人ではなく普通の人がです。ですから私たち現代人も分かるようになるのです。

大地に裸足をつけていた頃、新鮮な土からエネルギーをもらっていました。大地には自然の水が含まれ、栄養が含まれ、窒素が含まれていて、足の裏からいろいろな毒素を吸い取ってゆく。こういう自然の営みによって、人間の命というものはどんどん育まれていた。

今から敢えて昔に戻る必要はないけれど、親がそうしたことを知り、一つの哲学を持っていれば、子どもは冬でも半ズボンで過ごせるのです。しかし、大人は眉をしかめます。こんな寒い中、半ズボンしか与えられずに可哀想に、おお寒そう、貧乏なのかしら？　と勘ぐってしまう。

子どもたちは少しくらい厳しい環境にさらされても、内なる自然の力が漲ってくる、それに耐える肌が培われるのです。それを文明が進めば進むほど、科学が発達すればするほど、自分自身の命、自分自身の肉体をやわにしていってしまった。何も出来ない、科学に縋らなければ解決できないと思い込んでしまった、その原因は私たち人類の固定観念です。

これからはさまざまな変化が起こります。医療も食も、みな変わってきます。今はあらゆるものがピークを迎え、限界に達している。あまりにも安易で、自分の生命を生かし切れない人類がほとんどです。

その一方で、世界のどこかでは今も、本当に生きたくても生きられない難民や飢餓で苦しんでいる人たちがいる。こういうアンバランスな状態を放っておいてよいのでしょうか。今や地球そのものが痛んでいるのです。

これから私たちが習慣を変え、常識を変えるのです。例えば大きな川の上流の人たちが、途中で膨大な数のダムを造って水を独占しようとしたら、下流の人々は生きていかれません。海外の古来からの河も、ふんだんに流れていた水を工業、農業、飲み水、洗濯……さまざまな用途で使った結果、今は干涸びそうだという。もっともっと贅沢に、もっともっと豊かに、もっともっと安易にという意識がどんどん広がってゆくと、最後には絶望です。

私たちの代はまだよいでしょう。しかし、孫の世代に負の遺産を残していいのか。日本は少子化が問題視されていますが、どんどん子どもが増えている国もあれば、どんどん減っている国もある。アメリカ、イギリス、フランス、日本、先進国の子どもはどんどん減っていますね。でもこれから発達する国では、工業力や発展途上の力に後押しされてどんどん人口が増えてゆきます。そうすると人々が食べるために、牛などを必要以上に育てることで牧草地帯が減少し、熱帯雨林の木は切り倒されていく。貴重な木材を、贅沢なものに使っていく。我々の時代で資源を使い尽くしていいのか。水もそう、石油もそうです。

地球にあるものは無限ではなく、有限なるものです。それらを私たちが贅沢するために、私たちが安易に暮らすために使い果たして、次に続く世代の人類に何を残してゆけるのか、何を伝えてゆけるのか。そして原発をも残して、核廃棄物を地下に埋めつづけていいのか。

今、天変地変が起きています。それは偶然に起きているのではありません。もともと人類と自然は、みんな調和して協調して生きてきた。自然が人間を絶滅させることはないのです。逆に人間が自然を開拓し、自然に対し暴力を振るい、海を汚し、地下資源を使い荒らし、地殻をめちゃくちゃにしてしまった。天変地変はその結果です。

見失ってしまった神性を蘇らせる時です。胃が悪い、どこが痛いというのも、昔は全部自分で治せたのです。お産だって自分で出来たのです。生きることには当然のように自己責任が伴います。昔の人はそれをよく知っていたから、自分自身で対処できたのです。

ところが科学が発達し、安易に依存する生活が蔓延した。それを自分だけが利用できればよいと思うようになった。そのような考えが自分を占領した時、精神的な飢餓になり、病気になるわけですが、そもそも内なる治癒力が発揮できないから、それを自分で治すことが出来ないのです。

身体の調整するために熱が出ます。下痢もします。吐きます。これは自然の現象であって、押さえることではない。皮膚病になります。ステロイドを塗ればきれいになりますが、それをしたらずっと同じことの繰り返し、毒素が内蔵に溜まっていくのです。

熱が出る、有り難い。下痢をする、有り難い。出血する、有り難い。結局、内なる治癒力が治すのです。そこに着眼した東洋医学は、本当はいいのですが、長く時間がかかるから忙しい現代人に合わない。そこで西洋医学と東洋医学が合体して新しい医療が生まれ、十年、二十年前より進められております。それでもなかなか芯から治らない。それは、病人が「何かに頼っている」からです。

要するに、我々一人一人が本来持っている無限なる治癒力を引き出すことが重要なのです。そのような力を持つ人間というものは、神聖なるものです。人間が神聖でないというのは固定観念です。動物から進化したのが人間の肉体ではないのです。肉体は宇宙子[注3]、神そのものを宿す媒体です。

皆様は神様の媒体なのです。神様に似せて作られし媒体です。子どもは肉体の遺伝子で親とつながっているけれど、我々人類というものは宇宙子で宇宙神とつながっています。『遺伝子と宇宙子』（村上和雄博士との共著。致知出版社）という書籍が出ました。村上先生は遺伝子を研究しておられます。遺伝子はすごいのです。我々が想像もつかないような働きで、肉体を創り上げています。その遺伝子の組み合わせで、七十億通りの人類が生まれます。アデニン、チミン、グアニン、シトシンというたった四つの塩基が組み合わさって、全く違う人間が出来上がる。

ｉＰＳ細胞は、一つの細胞の中に数種類の遺伝子を入れることで、人間のあらゆる細胞になり得ると言います。遺伝子の必要な部分だけがオンになり、あとはオフにして使わない。遺伝子はわきまえているのです。

では、iPS細胞が出来る前は、誰が遺伝子を細胞に組み入れたのでしょうか？どんな科学者、どんな治療家、どんな医者でも、遺伝子の働きを理解してそれを利用は出来ても、実際に遺伝子を一から創ることは出来ない。これは神様がやっているとしか言いようがない。我々は神様に創られているのです。

こういうことを信じないで、物質がすべて、肉体がすべて、お金がすべて、権力がすべて、名誉がすべて。物質的なことに優れた者は勝者、それに適わないものは敗者。そのようにして差別が創られていったのが、今の世の中です。

差別を創り上げたのも、愚かな無知なる人類一人一人なのです。この世の二元対立は、一人一人の無知から来ています。無知というものは恐ろしいものです。知らないということほど恐ろしいことはないのです。

真理を知らなければ、すべての基準がおかしくなります。まず、みんなから尊敬され、みんなから大事にされるためには、この世的な名誉、権力、お金が大事だと考えるでしょう。お金があって、毎日うなぎだ、お寿司だと美食を極めても、一ヵ月食べたら飽きます。それで病気も招きます。

これからも天変地変があるかもしれませんし、もっと空気が汚染され、もっと水は汚染されるかもしれません。電力も減るでしょう。その時に、どうやって生きてゆくつもりでしょうか。物質を頼りにしていた人は、その時初めて自分が何も出来ないことに気づくでしょうが、みんな安穏としてその先を考えない。原発の被害はどうなるのか。でも多くの人は、そんなことは政府の仕事、そんなことは私たちの知ったことではない。それはみな、私たち一人一人の無知な生き方です。

本来、私たちの生命は神そのものなのです。私たちは大海の一滴なのです。大きな海の中の、小さな一雫。その一滴の中にすべてが含まれています。ゲノムの中にすべての遺伝情報が含まれているのと同じように。

天の計らいで、私たちの細胞が血になり、骨になり、胃になり、腸になり、全部が調って一人の人間が出来上がっている。機械を造るように部品を組み合わせても、人間を創り上げることは、医師にも出来ないし、科学者にも出来ないし、自分自身にも出来ません。

眠っている間も、心臓は止まずに自分を生かしてくれている。それはなぜか。生命の元は常に天から運ばれて、天と交流しているからです。その天からの交流、エネルギー、叡智、治癒力を全部閉じてしまっているのが今の我々です。尊い遺伝子をオフにしている。宇宙子をオフにしている。

我々は生かされているのです。我々は死ねば、炭素、窒素、水素……に分解されて大地に還ります。では魂、心はどうなるのか。神様の光の中に吸い取られていきます。どんなに罪を犯そうと、どんなにテロを起こそうと、どんなに幼い子どもが苦しげに亡くなったとしても、悲惨な状況で死んだとしても、死ぬ瞬間は苦しまない。神様と交流をしているからです。

我々の一人一人の魂と肉体が、神聖なる光によって結ばれているから生かされているのです。それを忘れてしまって、そこを封印してしまって、肉体がすべてだと思っているこの固定観念が問題なのです。固定観念があるから、病気になれば医者に行けばいい。お金がなければ保険にかかればいい……と、あらゆる面で依存してしまう。この依存によって、自分自身の素晴らしい生命の力を自分自身で遮断し、自分自身で迫害しつづけている。あまりにもみな安易に、人によく思われるように、自分を殺して人のために生きている。

人生とは自分自身のみです。夫や妻のためでもないし、親や子どものためでもありません。

神様の思し召しによって新しい命が育まれていく。最初は、精子と卵子が結びつき、それが分裂し増殖して肉体人間が出来上がります。その中になぜ命が宿るのでしょうか。精子と卵子は物質です。死ねば肉体は土に還るものです。そこへ神様の生命が入って初めて人間として育っていくのです。それは科学では創れない。妊娠してから三ヵ月〜五ヵ月の間に、魂は行ったり来たりします。魂は親を選ぶのです。今生のミッションによって国を選ぶ、親を選ぶ。そうすると魂はおなかの中と天界を行ったり来たりし、合わなければまた違うところへ行く。そしてこの夫婦で行こうと思う。五ヵ月を過ぎると産婦人科でよく言われるように、定着しているから船や飛行機に乗っても大丈夫というわけです。それは魂が定着している、ということでもあります。それまでは激しく動いたりすると魂の定着する余地がない。妊娠一ヵ月目と五ヵ月目では大きく違うわけです。

真理が浸透すると、科学に対する意識も変わってくるでしょう。それは人間が決めたこと、誰かが決めたことであると。真理を基準にすると、自然に自分自身の選ぶ道が決まってくるのです。自然にどうやって分かるのか。それには祈るのです。

どんな宗教の祈りでもいい。しかし、その祈りは願望成就のためではありません。どうか素敵なハンサムと結婚できますように、癌が治りますように、いいお家が持てますように、こういう祈りは願望成就の祈りであって、本当の祈りではない。しかし、祈らないよりはいいです。それは心のどこかで大いなる力を認めているからこそ何かに祈りたい、縋りたい。その心は神に届きます。天に届きます。

でも本来、祈りは自らの神性を輝かすためのものです。真理、直接に守[注4]護霊守護神を通して、神霊、宇宙神とつながった自分が祈るのです。

世界は二〇一五年、変わります。神性復活が成されるのです。今、私はアーヴィン・ラズロ博士と五井平和財団の西園寺裕夫理事長と三人で富士宣言[注5]を立ち上げ、二〇一五年五月、富士聖地[注6]で発表することになっています。神聖なる精神の復活以外にこの地球を救う手はないと、科学者、ノーベル平和賞の受賞者、それから教育者、政治家、経済家……世界でトップクラスの方々がサインしてくださっています。

ここで皆様方に感謝したいのは、そのムーブメントは私が起こしたのでもない。ラズロ博士一人に出来るわけもない。主人に出来るわけもない。どんなに神示を降ろしたとしても、それを現実に育んでくださる人たちがいなければ、この世に実現するものではないのです。ここまで五十年間、世界平和の祈り[注7]を祈りつづけてくださった皆様、そしてそれぞれの場で世界平和の祈りを祈りつづけ、ピースポールを世界中に建てつづけ、そしてSOPP[注8]（シンフォニー・オブ・ピース・プレヤーズ）をこの地に降ろし、実現してくださった皆様方お一人お一人の祈り、神性によって成就できるのです。

私一人で何が出来るのでしょうか。一人では何事も出来ません。どんな聖者・賢者でも、人類のすべての意識を変えようと思ったら、全人類がみなリーダーになるまで待たなければいけない。そのリーダーに、皆様がなるのです。そのために印[注9]やマンダラ[注10]が降ろされ、世界平和の祈りが降ろされたのです。

皆様一人一人が神様から必要とされているのです。どんなに今、状況や環境や立場が困難であっても、神様はあなた方を必要としておられます。人類を救うために、地球破壊までいかないように、押しとどめているのはこの祈りです。もし祈りがなければ、天変地変ももっとひどくなる。環境汚染もそう、病気もそうです。もっともっと不可思議な病原菌が世界中を覆い、人々はどんどん死に至るでしょう。それを立ち直らせるのは世界平和の祈りです。自分が直接、天と地をつなぐ者になり、人類に平和をもたらすのです。

私がいなくても、皆様は、本当は全部ご自分で出来るのです。私は頼らせません。教えだけは伝えますが、その人の素晴らしい叡智、直観力、能力を信じています。この教えをどうやって自分のものにしてゆくか、それは本人それぞれの選択、決断、自己責任にかかっています。

それぞれの自然治癒力を引き出すのではなく、自分が一生暮らしていけるよう霊能力で人を引きつけ、自分で治させない指導は本物ではない。西洋医学の医師でも、本当のお医者様ならば、ある程度よくなったらお薬を飲まなくていいとおっしゃるでしょう。東洋医学でも、あとは全部自分で出来ますとおっしゃるでしょう。これが本当の医師です。ところがいつまでも患者を放さない。また検査にいらっしゃいと言って引きつける。薬に依存させる。多くが固定観念の病院のシステムに取り込まれてしまい、それに屈しない良い病院は赤字です。

どこか真理から曲がってしまった。そのことが分かっていても言える人間がいない。中には反旗を翻して訴える人がいても、みんな喧々囂々《けんけんごうごう》で責め裁くから、その人は病院にいられなくなる。

でも、今、立派な方々がどんどん出てきています。そして一人一人が神力を発揮する時代が来ました。神力とは、神の力、神の癒しです。神の癒しは自分自身に降りてくる。自分自身で分かってくる。

そのために、我々は何を信じなければならないか。まず自分の生命の素晴らしさを信ずることです。自分は弱いものでもない。本来は出来るのだ。ところが出来ない、不可能だという固定観念が自分が出来る領域まで進めさせず、その前に諦めさせる、断念させる。それによって悔いが残る。ストレスが起こる。ストレスが病気を創り上げていく。悪循環です。

一歩一歩自分の力を信じて、一歩一歩自己責任をもって突き進んでゆくならば、必ず絶対百パーセント成就します。私が何故そのように言えるのか。それこそが究極の真理そのものだからです。真理は「必ずよくなる」のです。真理は誰も裁かないのです。罪がある人もテロリストも殺した人も殺された人も、神は裁かない。裁いているのは人間です。裁判官、警察官がある常識の範囲で、教育の範囲で裁いているのです。

何を信ずるか。自分自身を信ずる。自分の素晴らしさ、生命の素晴らしさ、ここに命を与えられて生きている。今、生きているということは、そのための能力が今、自分にあるということ。無限なる可能性も備わっている。治癒力もある。健康もある。愛もある。あるのです。でも出さないのです。みな出し惜しみしてしまう。

今、進められている都市計画にはさまざまなものがあり、中には地上と地下のシステムを壊すものもあります。都市の大地は穴だらけで、水も吸い取られてゆく。土の中には動物も昆虫も植物も微生物もいて、皆が悲鳴をあげています。それらは私たちの「自分たちさえよければいい」という考えが導いた現象です。人類がしていることは、めちゃくちゃです。

でも、祈っている人は違います。「世界人類が平和でありますように」という祈りの中には、自分の嫌いな人もテロリストも凶悪犯罪者も入っています。こんな奴のためになんか祈りたくもないという人も、誰もが「世界人類」の一員ですから、その人を抜かして「世界人類が平和でありますように」は成り立たないのです。災害で亡くなった人たち、天変地異で亡くなった人たちも入っています。

皆様はもっともっと、尊い時間を費やして祈りつづけてきた自分に誇りを持つべきです。「祈ることしか出来ない」ではないのです。困っている人のために尽くす方法は寄付や物資の支援だけではない。能力や労力だけでもない。現地に行って助けられなくても、一回「世界人類が平和でありますように」と祈れば、それは世界中の祈りを必要としている人に行き渡ってゆくのです。

五井先生[注11]はこうおっしゃっています。「『世界人類が平和でありますように』というのは真っ暗な何も見えない中に点す電灯のようなものだ。先駆者が現われて電灯のスイッチをオンにすれば、それが小さな祈りでも、闇の中にぼうっと光が灯り、さまざまな姿が浮かび上がる。そうすると、あの人もいたんだ、この人もいたんだ、一緒にがんばりましょうと力が湧いてくる。それが大勢になったら、そこにはさらに強力な光が照り輝くのである」。

今や、数万人の人たちが「世界人類が平和でありますように」という祈りを世界中のどこかで祈っているから、常に地球は守られているのです。日本は特に守られています。ですから「近隣の国が襲ってくるから」「○○国が仕掛けてくるから」というのは、自分自身の中に潜む恐れが創り出した固定観念であって、信じるべきものではない。相手を信じることです。苦しみは人を信じないところから生まれてきます。

しかしそれ以前に、自分自身を信じないから人も信じられないのです。自分を信ずることが一番です。

祈っていれば、自分の答えも、相手が求める答えもふっと出てくるのです。それが本当のリーダーです。真理を知っている人はみんなそれが出来るのです。人間には本来、自分のなりたいことやりたいことを現実に現わす力、能力を持っている。それをしようともしないで、やり始めても途中で投げ出してしまって、結果、不可能に自分自身で導いていってしまう。すべて他に依存することによって、自らの内なる能力を使わず錆びつかせてしまった。ですから今から改めて、不可能はない、に挑戦してください。今日のこの瞬間の選択が、あなたを変えるのです。

さあ、ここで世界平和の祈りを祈ります。初めての方にお伝えしますが、「私たちの天命が……」という箇所があります。みな天命があって生まれてきたのですね。でも、天命は自分では分からない、何をするのが天命か分からない。でも天命が完うされますようにとお祈りすると、自然に分かってくる。

皆様の祈りは地球を取り巻いていきます。地球を癒してくれます。光、エネルギー、力となって、戦争を防いでくれます。苦しい人に光をあて、癒しを与えてくれます。皆様が祈るということはそういう尊いことなのです。ですから人のために役立つ＝世界平和を祈ること。それのみに尽きるのです。

固定観念や常識を超え、それらを神性とつながった常識へと変えてまいりましょう。一番尊敬される人、幸せだと思われている人は、人のために尽くす喜びを知っています。だからみんなから感謝されます。なんて有り難い。尊敬する。ないのに人に分け与えてくださった。一生忘れない。

自分の愛、持てる力を人に捧げる。それが人間の幸せなのです。自分の天命が完うされる感覚を味わうことが出来るからです。精神、生命そのものが満ち足りた時の幸せを、私たちは体験するのです。

香川講演会（二〇一四年十一月二十四日）

第二章

神性を復活させる

今の世界や日本の情勢は本当に憂うべき問題であります。しかし、それらは本来、決して恐れることでも恐怖することでもありません。なぜなら、その一つ一つの問題を乗り越える素晴らしい力が、私たちの手にすでに握られているからです。

問題を解決するためには、「それをどのように解決するか」よりもまず、私たちの目指すべき目的地、本来のあり方に目を向ければよいのです。その目的は、私たち誰もが心の奥でわかっているものです。その目的を現実にしてしまう素晴らしい力が全人類に与えられているのです。

人間はどのようにして誕生したのか、大自然と生きとし生けるものはどのようにして調和が保たれているのか。

それを解明できる人はまだこの世にはおりませんし、それを解明することは、今はまだ難しいのかも知れません。私たち人類がその神秘の解明についていけるだけ立派になっていなければ、それはなされないからです。

神秘を解明しようという探究心や好奇心があるならば、まずすべきことがあります。その神秘の一つの現われである自分自身に与えられた叡智、無限なる能力、無限なるパワーや無限なるエネルギーや無限なる生命、無限なる健康に目を向け、それを自分の内側から引き出すことです。

そのためには、自分自身の神性を輝かせるような努力が必要です。それこそが神秘の解明であり、宇宙神と直結する方法であり、その時、宇宙とは何か、大生命力は何か、宗教とは何かということもすべて解明できるわけです。

従って、自分の本質が分からない科学者たちが、ただ過去から積み重ねられた知識にまた次の知識を上乗せしても、宇宙の大生命力、叡智というものはなかなか解明できないのです。

世界人類、肌の色は違えども、国は違えども、宗教は違えども、主義主張は違えども、みな平等に素晴らしい無限なる生命を携えてこの世に誕生したのです。皆、平等です。人間は本来、誰もが完璧なものを持って生まれてきています。

赤ちゃんは本当に無垢です。両親にすべてを委ねて育ちます。三才ぐらいまでは、ご両親の模倣です。ご両親の意識、ご両親の生き方によって自分の生き方が作られますが、それ以前に、赤ん坊は目的を持って、両親を選んで今生に辿りつきます。

一万人のうち九千九百人ぐらいは、母体の産道を通ってやっとの思いで生まれてくる、その息が出来ないほどの苦しみの中で、過去を全部忘れてしまうのですが、本当は、赤ちゃんは全部知っている。母胎の中でお母様の感情、お父様の感情を的確に把握でき、自分は何になりたいかも全部わかった上で、国も宗教も両親もみな、自分で選んで生まれてくるのです。

何を目的に敢えて貧しい国を選んだのか、そしてどのように両親を選んだのか。本来、誰もがすべてを知っていますが、生まれる時の苦しみにより、自分の目的をすっかり忘れてしまう。

それぞれが自分で国、親を選んで今生に降り立つ目的とは何か？　それを簡単に申し上げますと、「神性」をこの地上に現わすことです。神性とは何か？　光り輝くものであり、誰もが備え持つもの、そしてそれを発揮すればどんなことも解決でき、平和に導ける力です。

人間というものは本来、無限なる叡智を携え、無限なる愛を携え、無限なる真理、無限なる健康、無限なる生命、無限なる成功や無限なる素晴らしいものを全部持ち合わせて、その目的を今生で現わすために、両親を選んで誕生しているのです。

両親を選び、その両親の意識を受けながら、自らが果たすべきさまざまな縁を果たしてゆく。誰もが持っている無限なる神性というものを、苦しみの中で、貧困の中で、飢餓の中で、病の中で、ハンディの中でどうやって現わしていくのか。これが本来の人間誕生の目的なのです。

でもほとんどの人がそれを忘れてしまって、不平等に見え、理不尽に見える現象のみに目を向けてしまいます。今世の中で言われている子どもの育て方は、神性が元になってはいません。そのことを分からない親に子どもは育てられ、その親もまた、神性が何か分からない親に育てられたために、どんどん育て方がブレてきました。

いかに子どもの神性を引き出すかが、子育ての基盤となるものです。子どもを甘やかし、物を与えることが親の愛だと思われる方もおられるかもしれませんが、それこそがその子どもの本当の目的を過《あやま》つものなのです。

義務や常識を教え込まれて育った両親もまた、その枠の中で出来る限りの努力をして、自分の子どもたちをかわいがる、自分の学校や自分の親戚づきあいを通して自分の人生を決めていく。その間、子どもは親の模倣で生きている。親が語りかけた言葉によって自分というものが培われていきます。「ああ、かわいい子ね、あなたは天使のようね、素晴らしい子ね……」素晴らしい天性、神性というものを知って、真理を知る親に育てられた子どもは皆、立派に育っています。

その子どもも孫も皆、神性を持っています。神性は本来神そのものであって、穢れはなく苦しみもない。本来は正しい生き方をすれば、真理に沿った生き方をすれば、みな幸せになるのです。苦しい出来事を通して前生の過去の因縁が消えていって、これから新しい自分へと生まれ変わってゆくというのが真理のプロセスです。ですから、消え[注12]てゆく姿という真理が分かっている両親から生まれた子どもは自然に立派な子どもになります。甘やかさなくても、物は与えなくても、自分が神性であると同時にどんな人でも神性であるということが感じられるからです。

「すべての人に神性があるのです。テロリストも殺人者も、そして貧困の子どもたち、難民の子どもたちも、みな平等に神性を持っているのです」ということを伝えるために、私は世界百数十ヵ国を回ってきました。世界平和のために、この真理をいろいろな方と共有し、共鳴するために働いております。

ある国では、難民の子どもたちに会いました。貧困の子どもたちにも会いました。あるいは大統領や宗教者にも会いました。

さまざまな人にお会いして思ったこと。それは、困っている方々に物質だけ与えればいい、お金だけ与えればいいというものではない。それだけでは人間は満足できないということです。もっともっと神聖なもの、つまり神性があるのです。それを忘れて今必要なもの、ミルクを与えればいい、洋服を与えればいい、これでその人が救われると思ったら大間違いです。もちろん今、生きるための食料、着る物を差し上げることは尊い行為です。でも次から次へと与えるものは常にお金で、二年三年経っても続けているのはどこかブレています。人間の本来の神性というものを無視しているからです。これでは幸せではない。

お互いの神性が見出せる世の中になったらどれほど素晴らしいでしょう。人間の神性は、本来、人のために役立ちたいものなのです。もうただそれだけです。どんなに貧しくても、どんな病気でも、人のために役立てた時に、神性はいきいきと輝きます。

しかし、子どもに教える親がそれを分かっていない。自分のために、自分の欲望のためにという考えが、神性を覆い隠してしまう。ましてや宗教でも、祈りを勘違いしている人が多くあります。だからこそ、祈りはとんでもない方向に入っていく。願望成就や欲望達成の祈りもありますから、正義感の強い人の中には宗教と聞いただけで嫌悪感を覚え、祈れない人もいます。

最初は自分の欲望や願望を成就するように祈ってもいいのです。五井先生もよいとおっしゃっています。堂々と祈ればいいのです。でも願望達成のみではいけません。本来与えられている神性をどんどん穢していくからです。

苦しい時には願望成就を祈ってもいいのです。しかし、怠惰な生き方を増幅させる祈りはダメです。五井先生は人類のために祈りなさいとおっしゃいました。

私が説く神性とは宇宙神の光の一筋です。その一筋がさらに枝分かれしながら、この地上に来る頃にはごく細い光となって一人一人の魂の中に入っています。どんなに小さくても、その中には無限なる叡智、無限なる愛、無限なる能力が備わっているのです。どんな人にも平等に無限なる可能性が、病気になってもそれを治癒する力が一人一人に与えられ、今ここに生きているのです。これは真実なのです。曲げられない真理なのです。

それをわからないと、どんなに優れた科学も間違った方向に行ってしまう。素晴らしい医学者が出て病気を治そうとする。治してあげよう、苦しみから救ってあげようという思いは尊いものです。でも、医師や科学者の愛によって病人を救うために発明発見されたもの、果たしてそれらは正しく使われているでしょうか。本来は自分で治せる病気も、最先端の科学の力で解決しようという怠惰なほうに流れていくようならば、それは間違っていると言わざるを得ません。

なぜその病気が発生したのか。食べ過ぎで、怠惰で、自分をコントロールできずに暴飲暴食をしたことに端を発しているかもしれない。あるいは仕事のために自分自身をこき使って傷つけた結果、原因不明の病気になってしまったのかもしれない。そこで、その病気というものを通して、自分はなぜこういうふうになったのだろうという反省を含めながら、自分で癒していく力を引き出してゆく。

今まで気づかなかった心の盲点を見つめ、努力しながら、自分自身の神性をさらに発揮させるような発明発見なら、素晴らしいエネルギーが相乗的に作用し合い、真理の効果を生み出していくのです。病人と医師の目標が一致して、病人も自分の神性を復活させ、次に何かあっても今度は自分の力で自分の病気を治せるという自信を持っていく。その相乗効果で、自分自身のどんな病気でも治していけるのです。

人間には無限なる創造力が与えられており、同時にすべてに選択の自由がありま す。人間は自由、どんなことも自由です。何を思い、何を選ぶか——その自由を奪うことは、本来、誰にも出来ないのです。神様さえその人の自由を認めるのです。

間違ったことであっても、それは人類自身が解決すべきことであって、神はそれを制裁しません。人類一人一人が「今のこの現状はおかしい」と声を上げて、正しいほうへと導いていくことが大切なのです。

　ですから人類一人一人が神性復活すれば、宗教は要らないのです。自分自身が宗教そのものであり、自分自身が神性そのものの生き方を現わしていくものです。

　それでは、今ある宗教は何のために存在するのでしょう。自分は本来の生き方を見失ってしまったと気づいた人々が、正しく生きるための指標として存在しています。では、祈りというものは何か。今は、願望成就＝祈り＝宗教になるから、本当に正しい生き方をしようとする人を妨げてしまう。宗教をする自分は弱い人間で、何か依存をしているような気分になる。

　本当の祈りとは、依存ではないのです。祈りとは、自分の神性を見失った人たちの神性を復活させるものです。

これは、子どもの教育にもあてはまります。両親の義務は子どもの神性を引き出すことです。それ以外の義務はありません。子どもは育ててくれる親に感謝する、その義務もありますが、両親が立派な生き方を見せることで、子どもは親に感謝できる。

では、自分自身にとって一番大切な義務とは何か。自分自身を本当に幸せにして、自分自身を喜ばせ、自分自身の存在を認めてあげることなのです。私は自分という人間に生まれてきてよかった、この世に生まれてきて本当によかったという、その義務を果たすのがまず天命なのです。

自分はダメだ、出来ない、でも人のためにこれをしなければ、仕事のためにこれをしなければ、国のためにこれをしなければ……と自分を犠牲にして、人のために働いてもなんの意味もないのです。それは偽善になってしまい、自分自身をダメにしてしまう。虚しさが募るばかりです。

自分自身を苦しめて人のために尽くし、施《ほどこ》すことは、自分を追い込むと同時に相手にもそれが伝わってしまう。施された人もたまらなくなる。どうぞそんなことまでしないでくださいと思う。

物を与えることと神性を満足させることは違うのです。

逆に、どんなに物が乏しくても分け与えられる、それも神性が輝けば出来るのです。分け与えられることは本来誰でも出来ることです。

自分の欲望で「これは自分のものだ」と言ってかき集めると、その周りに貧困、欠乏が発生するのです。

分け与えの精神が皆の中に浸透し、みな平等に、皆に行き渡るように分配すれば欠乏はなくなります。自分だけが、自分の家族だけが、自分の会社だけが、自分の国だけがという社会からは対立が生まれます。現代社会では富裕層が汗水流さずに何十億、何兆というお金を儲けている。一生懸命働いても、安い賃金しか得られない、この差はどこから来るのか。やはり両方が悪いのです。

自分が楽をして儲けたお金、人を苦しませて得たお金は、どんなに蓄えても必ずなくなります。お金は命、エネルギーを持っているからです。楽をして手に入れたお金は、出ていってしまいます。

人間は欲望のために動かされてはいけません。人のために捧げることです。人のために与えることで自分を幸せにする、そのために、まず自分に尽くす。

たとえばマザー・テレサのような方は、貧しい人や死んでいこうとする人に愛を注ぐことによって、自分の神性を自分自身で感じて喜びに包まれたのでしょう。

それが本当の人間の人生なのです。

これは難民問題にも言えます。ただ与えられても彼らは決して幸せではないのです。なぜ若者たちが暴れるか。大人が本当の生き方を教えていないからです。本来一人一人は神性であるということ、そして何かを作ることを教えてあげて、それを高く買ってあげる。報酬としてお金が入ってくれば、彼らは自分で作ったもので誇りを持って自分を養っていけるのです。与えられた食糧を食べて一日が終わる、働く場所もない。これではただ虚しいだけです。

働くというのは、自分のために働くのではない。端（はた）を楽（らく）にさせて、その喜ぶ姿を見た時に、人は本当の幸せ、本当の感謝に包まれるのです。人間は道を求めれば求めるほど崇高になり、求めれば求めるほど神に近づいていきます。そして最終的には何も要らない、自分自身のこの生命そのものがすべてである、というところにまで辿り着くのです。

ところが自分自身の神性を実感していない人は、物を持つことで安心するのです。贅沢な家に住み、肩書きを持って、着飾って、それで自分には価値があると自分で認めようとするけれど、もっともっと欲望が湧く。儲かっているのに何故か心が虚しいのです。自分自身が幸せではないのです。どんなに豪華な暮らしをしても、それを讃える人などもだんだんいなくなります。

意識がどんどん高まっていくと、ただただ自分の神性を輝き出すことが嬉しいことなのです。

どんな人でも神性を輝かせていく。二〇一五年、SOPPで富士宣言が発表され、神性復活の時代に入ります。

神性なる姿を現わしている人たちが、これからはリーダーになる時代がやってきます。祈りとは、神性そのものを、この地に降ろし、自分自身の肉体、意識に現わしていくもの。これが人生です。

苦しみや悲しみ、苦難を背負って、その中で神性を復活するためにはどうしたらいいのか。出来ない、無理だと、最初にそう思いますね。その時に、人に依存するということは、自分の神性をどんどん自分でなくしていくことです。自分自身を信じる努力をすれば、ますます健康にもなるし、成功もするし、能力も出る。なぜならそれらはすでに自分に与えられているものだからです。与えられているものを使わないで、人に依存して、人にやってもらおうという意識がもう真理からはずれてしまっている。

自分の神性を現わすための方法として、地球世界感謝行[注13]、光明思想徹底行[注14]、マンダラなどさまざまな方法があります。本当は人のために尽くしたいけれど、自分はダメなんだ、自分は出来ないんだと思ってしまう人は、こうしたメソッドを実践してみてください。

自分は何をしても能力がないんだ、人からバカにされるんだ、自分は貧乏なんだ、自分は学校も出ていない、自分は誰からも劣っている……そのように自分を卑下してしまうのは、全部が自分の責任というわけではない。赤ちゃんの時から今に至るまで、両親からか、他の人からか、友達からか、学校の先生からか、宗教家からか聞いた言葉です。子どもはそうなんだと思い込みます。

青年になっても、「お前はバカな奴なんだ、無理なんだ」と学校や会社で聞かされる。だから今は精神病の若者たちがたくさん増えている。

それらをどうやって、他に依存させないで治していくか。

本来、自分自身で病気も治せます。治せないという人類の意識が治せないように、この地球上に降ろしているのです。否定的なものがこの地上に蔓延しているから、すべての人間が閉塞感に苛まれ、自由ではなく、いつも誰かに監視されているかのように思う。誰かから見られるのが怖くて、密かに悲しみや痛みや苦労を抱えて、自分でがんじがらめになって、自分自身を傷つけたり、自己否定をしたりして苦しんでいるのです。

本来、神性があるということに、人間はもう一度目覚めなくてはならないし、教育しなおさなければならないし、私たちも変わらなければいけないのです。

自分の本来の生きる目的は、自分を大事にすること、自分の魂そのものの神性を発揮することでしょう。今、全部逆のことを人間はして生きているわけです。そして出来ないことは医者に頼み、科学者に頼み、依存していく。依存すれば依存するほど、自分の神性なる力を発揮する機会が失われていくのです。人間は食べ物から栄養を取り込み、そして身体の中でさまざまな栄養素を自ら創っていきます。しかし、お薬にばかり頼っていると、ビタミンでも何でも過剰にあるから自分で創り出さなくなるのです。熱で出て、汗で出て、不快感で出て、筋肉が痛んで、それが治まると、長い間の蓄積された過労や暴飲暴食が自然治癒力によって治っていくのです。それが出きらないうちにまた薬で抑えるから、身体が麻痺してしまって、自分本来の力が出てこない。自分で治せないと思い込む。しかし、本来は治せるのです。

人間の神性が復活すると、病原菌もこの世に現われてこないのです。結核でも癌でもみな、人類がつくったものです。偶然ではないのです。

人間は神性を生かして人のために役立って、見事にそれが成就して、また神界に戻っていく。海の一滴の水が、やがて雨となってまた海へ戻るように、光の一筋の人間が大生命の光の中に戻っていくのが循環系です。生命を延ばすことが科学の使命ではありません。人が二百年も生きていたら、新しい子どもは必要がなくなってしまいます。誰が間違った科学の追求に歯止めをかけるのでしょうか。

結局、人類の欲望、物質に毒された生き方というものは、地球を破滅させます。何故地震が起こるか、火山噴火が起こるか。さまざまな爆弾のエネルギーが全部地球に災いしているのです。さまざまなエネルギーが地球の大自然にどう影響するかを考えない。

ですから人類一人一人が神性を発揮して、「それはダメなんだ」「それはやってはいけないことなんだ」と、はっきりと自分の意識の力を発揮し、自分の神性を蘇らせることしかないのです。出来ないとか無理だとか、これは人間の長い間の習慣です。一番の習慣は何から来るかというと、不安恐怖から来るのです。不安恐怖が人類に染みついて、だんだん習慣のベースとなるのです。

皆、神性であります。この世には悪人などいないのです。一人もいない。では、何を間違ってテロリストになるのか。選択を間違ったのです。選択の基準を見失ってしまった。

宇宙神はじめ、守護霊様、守護神様は絶対に裁きません。どんな悪を働こうと自由というものを尊敬する。人間には自由と責任がある。人の自由意志を神様ですら尊重しているのです。裁かないのです。人は、自分の人生を創造できるのです。誰かの生き方を批判する自分が、いつその誰かのような選択をしてしまうかもしれない。本来、人は誰も裁けないのです。しかし、裁けないというのが真理だとしても、規制をしないと人間はとんでもないことをするという観点で常識や固定観念が出来上がりました。そして、それによって人間は規制され、常識に毒され、本来自分の神性を発揮して生きるべきところを、次々に束縛され、自由を失い、却って選択を誤ってしまうのです。

二〇一五年、これから世界は変わります。

今までは、すべて他に依存することによって自らの内なる能力を使わずに錆《さび》つかせてしまっていたのです。しかし、不可能はありません。誰にでも神性は備わっている。それを引き出すような言葉や行為を新たに習慣にするのです。

なかなか自分自身を信じられない人は、過去の習慣である否定的な想い、不安恐怖を持っている。一番問題なのは不安恐怖です。人間の中から不安恐怖がなくなれば、なんにも要らなくなる。不安恐怖とは塊です。糸くずのようにこんがらがって、一つのものを切っても、その奥に本体が残っている。それをきれいに溶かすのは光しかない。消えてゆく姿しかない。糸をほどくように、消えてゆく姿でなくなっていく。光があれば溶けていきます。そして皆様の過去はなくなってゆくのです。

岡山講演会（二〇一四年七月二十日）

第三章

人間の運命

自分の人生は運命づけられている。人生はもう決まってしまっているんだ。貧乏な所に生まれたからとか、才能が発揮できない所に生まれたからとか、先天的に決定されたどうにもならないもの、それが運命だと思っておられる方は多いのではないでしょうか。

また、後天的に決まってゆく場合もあるでしょう。赤ちゃんの頃はみな純粋で無心で美しく無邪気です。でもそれがだんだん汚れてしまう。潜在意識に両親や友達や学校の先生や先輩から言葉の暴力を受けて、自分はこういう運命になってしまった、と思う。それから宗教を聞きかじってしまうと「これは過去の因縁だからしょうがない、過去自分がやってきたから仕方がないのだ」。その結論として、すべては運命づけられている。自分の人生はもう決まってしまっている。そういう発想に基づき、一生を終える人も多いと思います。

しかし、そのような過去に縛られた生き方は間違っています。

本来、過去というものはないのです。

――いや過去はあります。皆様方にもいろいろな過去があったことでしょう。失敗した。恐れもした。不幸もあった。病気だったために今もまだ心配である。人に嘘をついたことがある。人には知られていないけれど、いろいろな悪いこともしたし、誤ったこともした。

それはそれでいいのです。

本来みな善人なのです。本来はみな神なのです。

宗教の創始者は、聖なる人、神の子、宇宙神の分霊。そういう言葉で本来宗教の原点を表わしておりました。しかし何千年何万年と時を経るうちに、本来の究極の真理は時の聖職者によってねじ曲げられてゆきました。真理が権力に取り代わったのです。自分たちの権力を保つために、人間と本来の神の意識とを分けたのです。そして何千年何万年と、多くの人がその法を聞くうちに、それが常識となり固定観念となり、今日まで続いてきたわけです。

本来、罪人もテロリストも死刑囚もみな、人類は神性なるもの。汚れがない、光り輝いているものなのです。それは絶対なる真理なのです。

本来、因縁因果、輪廻転生は存在しないのです。存在すると自分が思い込み、信ずることによって、自分の人生にそれは存在しているのです。

では、何が本当に存在するのか。自分の想いだけです。自分が何を考え、何を信ずるか。それのみです。

本来人間は、テロリストも殺人者も誰もが光り輝いているのです。昔から罪人ではなかったのです。赤ちゃんの時から殺人鬼ではなかったのです。その国に生まれ、その地域に生まれ、その宗教に生まれ、その両親のもとに生まれ、そのグループに育つことによって、思考が洗脳されて選択を誤ってしまった。

選択は何でなされるか。出来るか出来ないか。可能か不可能か。これも自分の選択です。出来ないという根拠はない。あるのは過去のさまざまな失敗体験や人から言われた言葉。それが不可能を選択するのです。自分は無理だ、仕方がないんだ、どうしようもなかったんだ。そのネガティブな選択によって、自分の人生の基準、思考パターンが出来上がってしまうのです。

ネガティブな選択はどこから生まれるのか。それは他人からではない。出来ないと思い込んでいる自分です。その思い込みは全くの間違いです。出来るのです。誰にでもその力はあるのです。

人間には潜在的な素晴らしい叡智がある、直観力がある、能力がある。それを試さないで、自分が不可能を選択してしまうのです。それが自分の運命を不幸へと導いていってしまう原点なのです。

集団の意識についてもそうです。例えば国の決定、軍を作るか作らないか、戦争を仕掛けるか仕掛けないか。これは政治家が勝手に決めているとも一概に言えません。多くの人が声を上げないから、採決されてしまうのです。結局は民意です。その国を支えている国民一人一人の意識です。

ですから私たちの意識が変われば戦争をやめることも出来るのです。原発をやめさせることも出来るのです。でも多くの人は声を発しない。仕方がないんだと諦めている。

今はあらゆる情報が無制限に入ってきます。それをどういう基準で皆様方は選択なさっておられるのか。みんながするから、だいたいこの辺が常識だから、これをしたら人から変に思われる。

選択の基準は、本来そういうものではないのです。

選択は、周りに惑わされてはいけません。自分が内なる無限なる叡智とつながって、自分の意識で決めるのです。選択の基準は、自分の人生の目的でもいいです。自分は何になりたいか、何をしたいか、何が出来るか、この目的があるかないかによって人生は大きく変わります。

かつて松本元先生という素晴らしい脳科学者がいらっしゃいました。彼がご生前、五井平和財団の講演会でお話してくださったことを読み上げます。皆様は、自分の脳に思いを馳せながらお聞きください。

「脳の大切な機能は目的の自己選択。目的がないと脳は活性化しない。まだ出来ないことを出来るようにする仕組みを作ることが、脳の本来の目的である」。

出来ることを繰り返しても、脳は活性化しないのです。知っていること、やったことのあること、それは脳の活性化というより習慣の想いで出来てしまう。

そうすると、今まで出来なかったことをすることが、脳を活性化させるのです。しかし多くの人は脳を積極的に働かせません。出来ないんだ、無理なんだ、不可能なんだという、それが目的になってしまっているからです。

ですから、選択が一番大事なのです。あなたは出来ないのではない。不可能ではない。やろうとしないだけです。一歩踏み出そうとしないだけ。勇気がない、失敗を恐れる、人にどう思われるかが気になるだけ。それは本来の自分自身の意識ではありません。他に押しつけられた価値観です。両親が反対するから。友達からバカにされるから。失敗したらその責任を取らなくてはいけないから。恐ろしくて不安で、だから「出来ない」を選択するのです。

誰もが出来る力をみな平等に、宇宙の叡智から授かっているのです。それが人間なのです。人間は意識することが出来る、考えることが出来る、選択することが出来る。この素晴らしい能力をそのまま死ぬまでネガティブな方向に使っていたら、人生はどうなるのでしょう。

人間は本来、もっと輝かしく、もっと豊かに、もっと幸せに、自由自在で喜びあい、歓喜し、そしてみなで世界を平和に導いていくのが本来の人間の人生、人間の目的なのです。

多くの人は、貧乏への恐れ、病気への恐れ、戦争への恐れ、原発への恐れ、老いることへの恐れ、死ぬことへの恐れ、不幸になることへの恐れに意識が八十パーセントいってしまっています。

その不安を拭い去り、意識を「果因説」で未来に向けることによって、人生は全く変わるのです。

「果因説」についてお話ししましょう。これは輪廻転生、因縁因果を超えた考え方です。

占い師や霊能者、いろいろな人たちから「それはあなたの過去世が悪い、だからこういう運命になるんだよ」と言われたことがあるかもしれません。人間の言葉には力があります。その言葉によって無意識に運命づけられていくのです。

自分では選択せずに、人の意見、人の言葉によって作り上げられた人生は自分で責任を持てないから、自分は出来ない、ダメだ、自信がない、そういう自分を自分で作り上げてしまうのです。

しかし本当の自分が望んでいることは、そうではないのです。

大切なのは、過去ではなく今です。

幸せを選択する一瞬、不幸を選択してしまう一瞬、これが一歩一歩、分かれ道となるのです。一瞬一瞬の連続が一日です。一日一日の連続が一週間です。それを全部いい選択ばかりにしたら、運命は変わるのです。

それには頑張ってみようという勇気がいります。いつもの固定観念を捨てて未来に意識を向けなくてはいけない。

ネガティブな選択をなぜ無意識にしてしまうのか。過去の体験から、無難な選択をしてしまうのです。傷つけられた人はもう二度と傷つけられたくないから、傷つけられないような選択をします。しかし、その選択の基準が「傷つけられた」という尺度を使って、そこから始まるから未来はあまり変わらないのです。

そうではない。本来神なのだ、というところに焦点を当てるのです。やろうとしなかった自分が、これからは出来るんだ。やってみようという基準から目の前の一つ一つのことを始めてみると、運命は変わっていくのです。

一瞬一瞬、本当に変わるのです。変わっていくのが自分で分かるから、それが喜びになって、無理なく変わっていく。しかし、そこには努力も必要です。その努力の基準は何か。本来自分は素晴らしい叡智、直感力、パワー、エネルギーを持っているんだというポイント、視点から人生が始まれば、何事においてもいい選択が出来るようになります。

因果律と果因説の違い。果因説は、先に結果を設定することによって自ずと原因がそれに従ってくるという法則なのです。ですから過去がこうだったから出来ないではなく、過去のことを忘れて、自分のエネルギーを未来に向け、こうありたいという姿をイメージするのです。いいものでも悪いものでも、目的があればそれは必ず達成されます。まずその目的を自分で作る。目的は不安や恐怖や恥ずかしいとか、人が何とか言う、人に意見されて自分の運命を決定するのではなくて、本当に自分のやりたいことに設定する。

過去の結果を基準にすると、出来ないような選択を自らがしていってしまいます。だからこそ果因説が必要なのです。目的はいつか達成されます。その目的をポジティブに選択するか、ネガティブに選択するかだけです。

ポジティブな選択をする一つの方法に、言葉の選択があります。「言葉は生きている。言葉は創造する力を持っている。言葉は人を惹きつける。言葉は人を突き動かす。言葉は芸術である。言葉は影響力を持っている。言葉は伝染する。そして言葉によって幸運、不運が引きよせられる」。

「全人類は言葉を自由に選択し、用いることが出来る。人は言葉によって生かされ、言葉によって殺される。人は言葉によって救われ、言葉によって絶望する。人は言葉によって平和を築き、言葉によって戦争を作り出す。選ぶ言葉によって、語る言葉によって、想像以上の生活が、世界が繰り広げられる。言葉はすなわち命なり。言葉はすなわちエネルギーなり。言葉はすなわち力なり。言葉はすなわち光なり。言葉はすなわち真理なり。

私たちは信じている、言葉の力を。人生も、家族も、社会も、国家も、世界も、地球も、人類一人一人の選ぶ言葉によって、語る言葉によって、良くも悪くも導かれていく。すべては人類一人一人の語る言葉に責任がある。人類は自らが語った言葉に責任を持たねばならない」。

そういう人たちが多くなれば世界は平和になるのです。

選択によって自分の口から人を傷つける言葉、子どもを傷つける言葉、人を傷つける言葉、卑しむ言葉、差別の言葉を慎めば、みな人の目を気にして自分を卑下することはしなくなります。みな自由に子どもも大人も高齢者も男性も女性も、自由に自分の生き方を表現できます。一人一人が何を選んでいくかが、ひいては国運を、地球の運命を創りつづけているのです。皆が和解だ、愛だ、赦そうという選択をすれば、人は誰も傷つかないで済むのです。今の世界の状況は、私たち一人一人、人類の責任であって、大統領一人の責任ではない。夫一人の責任でもない。妻一人の責任でもない。一人一人のボタンの掛け違い、それによって大きな選択が決まっていったのです。

人が喜ぶ顔を見ると嬉しくて、ますます人が喜ぶ行為をする。これは人間みなに備わっている平等の真理、愛そのものです。神の愛そのものは神性です。神性なるものです。

ですから、自らを絶対に処罰してはいけない。自分を裁いてもいけない。自分を非難してもいけない。自分を虐めてもいけない。そんなことをしたら、本来の自分自身が苦しむだけです。一番いけないことは、人を責めるよりも自分を責めることです。人を批判するよりも、自分を批判することです。自分の神性を傷つけていく。自分で自分を傷つけていくことは間違っています。それは真理ではありません。

どんなに自分が過去に失敗していても、過去に人を騙していても、過去に人を苦しめたとしても、それを赦すのが神性なのです。赦して変わればいいのです。自分が立派になって、人の苦しみや悲しみや嘘を赦してあげられる自分になることです。そして、赦す言葉を発することなのです。

「それは過去よ。いいのよ、赦されているのよ。これからいい選択をしましょう。愛を掛け合いましょう。みんなに勇気を与え合いましょう」。

人に尽くすためにはいろいろな奉仕があります。現地に行き、ボランティアをするのも奉仕ですし、静かに祈るのも奉仕です。

奪い取ることばかり、虐める言葉ばかり、不平不満を言うばかり、全部人の責任にしていくことは、自分の素晴らしいエネルギー、神性をどんどん自分でなくしていくのです。自分がどんどん自分自身の神性を汚していくのです。

あなたには神性があります。自分自身は尊いのです。どんな過去でも赦されているのです。その人の過去の人生を見れば、人間が人間を裁くことなど出来ないと思うはずです。神様は裁かないのです。神は愛のみです。赦しのみです。神性だからです。

どんなにお金がなくても、今日から変わろう、一時間働こう。職がないけれど、人のために無償で働いてみよう。思い切ってやろうと思った時、誰かがその姿を見ている。そこで職を与えられるのです。そのようにこの世の中は出来ているのです。

人には良心があるからこそ、過去の自分を赦せず、過去を捨てるなど罪な気がして、自分を咎めてしまうかもしれません。でも、本当は誰にも咎められないのです。そればかりか自分に恥があり、自分に弱みがあり、自分に不安があると、それはやがて人を責める行為に変わっていってしまいます。自分がつらい分、人を責め裁いて自分の鬱憤《うっぷん》を人に転化してしまうのです。

本当におおらかな人は、人を責めたりしません。人の欠点を突くことを選択しないのです。人に喜びを与え、人に幸せに変わって欲しいと思う。そして、「あなたは大丈夫なのですよ。これからいい選択をすれば、すべてはよくなるのですよ」という言葉をかけます。このひと言だけで、その人は変わるチャンスを摑めるのです。

一番いけないこと。それは自分を責め裁くこと。自分を処罰すること。自分をダメだと思い込むこと。自分は何も出来ないんだという否定的な見方をすること。

それらは全部間違っています。

これからは果因説で、結果をイメージするのです。果因説がなぜ出てきたかというと、「過去に私はこういうことをしたから、私は幸せになれないんだ」という固定観念を超えるためです。

過去がこうだったから、過去はこうしたから……と、過去を基準に決めるのではなく、過去とは決別して、今日から、今から全く新しい、本当に自分が望む目的を持つのです。

もう少し自分を高め上げ、自分の本来持っているものを引き出すのです。自分の本心は、人のために役立ちたいのです。もっと素晴らしい人生を生きたいのです。いつも苦しい人生、悲しい人生、不安恐怖を持ちつづける人生、自信のない人生は、本来歩むべき人生ではありません。

自信など持てるような自分ではない、だから自分を信頼できないのではないのです。自分を信頼しないから、自分に自信が持てないのです。

自分を信頼するのです。「出来る」と自分自身に言うことです。「出来る。やってみよう」。今日からそれをやってみてください。

いがみ合ってきた主人に「今日は有難うございました。お蔭様で」と言ったら、そこで何かが変わります。子どもにでもそう。「有難うね。お母さん変わるからね」。

それには少し勇気がいります。「今まであんなに悪いこと言っておいて、今さら有難うなんて言えないわ。あんな主人には言えないわ」「こんな図々しい妻には言えないよ」。でも勇気を持って言うのです。そこが努力です。

一歩前へ、これも選択です。言わせないのは昨日までの自分のプライドです。これまでの過去を基準にしているから言えないのです。くだらない自分をよく見せたい。自分を評価してもらいたい。認めてもらいたい。そういう気持ちがあってのプライドはいらない。それは人が勝手に評価すること。自分の価値は自分で決めるのです。

新しいイメージを持てば、必ず現実化するのです。

今までイメージもしなかった。出来ると思いもしなかった。自分が幸せになれるとも思わなかった。でも、これからは明るいイメージをするのです。

健康の選択、輝かしく生きる選択、輝かしい死への選択、言葉の選択、喜びの選択。すべて一瞬一瞬、自分の選択によって人生は変わるのです。すべては運命づけられているものではない。過去からの因縁因果の結果によって、運命づけられた人生ではないのです。しかしながら、運命とは自分がいろいろな経験によって口にした言葉なり、選んだ道、それらの結果なのです。

最後の結論です。みんな幸せになれるのです。自分の思った通りの人生を創造できるのです。絶対に出来るのです。そのためには、いろいろな情報に惑わされないことです。

「世界人類が平和でありますように」この祈り言は、生きとし生けるものが全部入っている普遍的な祈りです。動物も植物もすべて入っています。テロリストの平和を祈ってくれる人はいない。死刑囚のことを祈ってくれる人はいない。でも、皆様が世界平和の祈りを祈ってくださると、テロリストにも死刑囚にも難民にも孤児にも貧しい人にも、皆に愛の光が行くのです。「世界人類が平和でありますように」という言霊は光です。宇宙の真理の言葉は全部広がっていきます。皆様が「世界人類が平和でありますように」と祈る時、皆様の愛のひびきが自分自身の幸せや天命を導くと同時に、人類そして生きとし生けるもの、すべての生命の天命を完うへと導くのです。

皆様は、今日から大きく幸せになるべき方々です。どうぞ思った通りの人生を
自分で築き上げてください。

埼玉講演会（二〇一三年十月十二日）

注の参照　参考資料

注1　**果因説**…自分の蒔いた種（前生の因縁や今生の自分の言動行為）は必ず自分が刈り取らねばならないという因果応報の法則を因縁因果律といいますが、果因説とは、この因縁因果律を超える方法として筆者が提唱する説で、自分が望む（結）果を心に描き、心に刻むことによって、現象界にその（原）因が引き寄せられ、やがて自分が望む（結）果がもたらされるという説です。

注2　**宇宙神**…宇宙に遍満する生命の原理、創造の原理である大神様のこと。絶対神。創造神。

注3　**宇宙子**…宇宙神の光が宿った生命そのものの遺伝子のようなもの。筆者は、宇宙に遍満する宇宙子が母体の中の胎児に入ることによって、肉体に魂と心が宿り、肉体と心と魂が三位一体となって、人格や働きを持った一人の人間が出来上がると説いています。

注4　**守護霊守護神**…人類の背後にあって、常に運命の修正に尽力してくれている。各人に専属の神霊を指す。守護霊は先祖の悟った霊で、正守護霊と副守護霊がいる。正守護霊は、一人の肉体人間に専属し、その主運を指導している。副守護霊は仕事についての指導を受け持っている。その上位にあって、各守護霊に力を添えているのが、守護神です。

注5　**富士宣言**…『富士宣言―神聖なる精神の復活とすべての生命が一つにつながる文明へ向けて―』のこと。二〇一五年、ブダペストクラブ創設者であるアーヴィン・ラズロ博士、西園寺裕夫氏、筆者の三名が個人として発起人となり、ノーベル賞受賞者を含む二〇〇人の設立署名人と六〇の国際的なパートナー組織により発表されました。白光真宏会はパートナー組織の一つです。詳細は『富士宣言』公式ホームページ（http://fujideclaration.org/ja/）でご覧いただけます。

注6　**富士聖地**…富士山西麓の静岡県富士宮市朝霧高原にあり、白光真宏会の本部が置かれています。

注7　**世界平和の祈り**…白光真宏会創始者・五井昌久提唱の「世界平和の祈り」のこと。この祈りは、五井昌久と神界との約束事で、この祈りをするところに必ず救世の大光明が輝き、自分が救われるとともに、世界人類の光明化、大調和に絶大なる働きを為します。世界平和の祈りの全文は119頁参照。

注8　**「Symphony of Peace Prayers～世界平和交響曲（SOPP）」**…富士聖地で、2005年から毎年5月に開催されている祈りの式典。「宗教・宗派を超えて、共に世界の平和を祈る」というテーマのもと、毎年、仏教、神道、キリスト教、イスラム教、ヒンズー教、ユダヤ教……等、多様な宗教の祈りのリーダーの方々を招き、「各宗教・宗派の平和の祈り」を参加者全員が声を揃えて、唱和します。このユニバーサルな祈りは、世界中の平和愛好家に支持されています。その他にも、「世界各国の平和の祈り」や「大自然への感謝の祈り」などが行なわれるSOPPは、国境、イデオロギー、主義主張の違いを超えた、多様性を認め合う普遍的な祈りが行なわれる場として、年々定着しつつあります。

注9　**印**…印には、さまざまな種類があります。著者が提唱した自己の神性を顕現させる「我即神也の印」と、人類に真理の目覚めを促す「人類即神也の印」は、国内外に広まり、多くの人々によって組まれています。この二つの印は、宇宙エネルギーを肉体に取り込むための、発声を伴った動作です。印の組み方は、白光真宏会のホームページ（http://byakko.or.jp/method/in/）でご覧いただけます。

注10　**マンダラ**…マンダラには、さまざまな種類があります。著者が提唱した「宇宙神マンダラ」「地球世界感謝マンダラ」「光明思想マンダラ」は宇宙のエネルギーの発信源です。これらのマ

ンダラを描くことによって、自分の希望する人生が創造できるようになります。また、人類に真理の目覚めを促し、地球の大自然、生きとし生けるものを蘇らせてゆきます。マンダラは白光真宏会のホームページ（http://byakko.or.jp/method/mandala/）でご覧いただけます。

注11　**五井先生**…白光真宏会創始者・五井昌久のこと。大正五（一九一六）年、東京に生まれ、昭和二十四（一九四九）年、神我一体を経験し、覚者となった。祈りによる世界平和運動を提唱し、国内国外に共鳴者多数。また、悩める多くの人々の宗教的始動にあたるとともに白光真宏会を主宰しました。昭和五十五（一九八〇）年八月帰神（逝去）。

注12　**消えてゆく姿**…怒り、憎しみ、嫉妬、不安、恐怖、悲しみなどの感情想念が出てきた時に、それらは新たに生じたのではなく、自分の中にあった悪因縁の感情が、消えてゆくために現われてきたと観ることです。その際、世界平和の祈りを祈り、その祈りの持つ大光明の中で消し去る行のことを「消えてゆく姿で世界平和の祈り」といい、この行を続けると、潜在意識が浄化されてゆきます。

注13　**地球世界感謝行**…日常の中で広く地球世界のさまざまな事象に感謝の言葉を捧げる行為。地球世界を幾つかの対象に分け、それらを司る神々や、また我々の肉体に対して深い感謝の言葉を唱える行をさす場合もある。この地球世界感謝行を行なうことにより、地球世界の万物、生きとし生けるものに、癒しのエネルギーが伝わります。地球世界感謝行の言葉の詳細は122頁参照。

注14　**光明思想徹底行**…日常生活の中で、無限なる光明の言葉を唱え、自己の神性を自覚してゆく行。また、否定的な想いや言葉を発した時に、それを打ち消すための言葉として用いれば、自己の心の中に潜んでいる否定的な想いが消えてゆき、やがて、その奥にある神性が顕現されてゆきます。光明思想徹底行の言葉の詳細は121頁参照。

世界平和の祈り

世界人類が平和でありますように
日本が平和でありますように
私達の天命が完《まっと》うされますように
守護霊様ありがとうございます
守護神様ありがとうございます

人間と真実の生き方

人間は本来、神の分霊《わけみたま》であって、業生《ごうしょう》ではなく、つねに守護霊《しゅごれい》、守護神《しゅごじん》によって守られているものである。

この世のなかのすべての苦悩は、人間の過去世《かこせ》から現在にいたる誤てる想念が、その運命と現われて消えてゆく時に起る姿である。

いかなる苦悩といえど現われれば必ず消えるものであるから、消え去るのであるという強い信念と、今からよくなるのであるという善念を起し、どんな困難のなかにあっても、自分を赦《ゆる》し人を赦し、自分を愛し人を愛す、愛と真《まこと》と赦しの言行をなしつづけてゆくとともに、守護霊、守護神への感謝の心をつねに想い、世界平和の祈りを祈りつづけてゆけば、個人も人類も真の救いを体得出来るものである。

光明思想の言葉

光明思想の言葉には、次のような言葉があります。

無限なる愛
無限なる調和
無限なる平和
無限なる光
無限なる力
無限なる英知
無限なるいのち
無限なる幸福
無限なる繁栄
無限なる富
無限なる供給
無限なる成功
無限なる能力
無限なる可能性
無限なる健康
無限なる快活
無限なるいやし

無限なる新鮮
無限なるさわやか
無限なる活力
無限なる希望
無限なる自由
無限なる創造
無限なるひろがり
無限なる大きさ
無限なる発展
無限なるエネルギー
無限なる感謝
無限なる喜び
無限なる美
無限なる若さ
無限なる善
無限なるまこと
無限なる清らか

無限なる正しさ
無限なる勝利
無限なる勇気
無限なる進歩
無限なる向上
無限なる強さ
無限なる直観
無限なる無邪気
無限なるゆるし
無限なる栄光
無限なる気高さ
無限なる威厳
無限なる恵み
無限なる輝き
無限なる包容力

地球世界感謝行

現在のところ、地球や大地や空気や水に対して真に感謝の祈りを捧げる地球人はまだわずかの人々です。そこで、こうした人々に代わって、次のような感謝の言葉を唱え、地球世界を司る神々様に対し、深く感謝の祈りを捧げます。

海への感謝

人類を代表して／海を司る神々様に／感謝申し上げます。／
海さん、有難うございます。／
我々は／あなた様によって／生かされています。／
その限りなき恩恵に／心より感謝申し上げます。／
そのお心も知らぬ／人類の傍若無人なる振舞いを／
どうぞお許し下さい。／
岸をたたき／浜をけずり／船をのみこむ／逆まく大波／
荒れ狂う大波の数々を／どうぞおしずめ下さい。／
世界人類が平和でありますように／
海を司る神々様有難うございます。

大地への感謝

人類を代表して／大地を司る神々様に／感謝申し上げます。／
大地さん、有難うございます。／
あなた様によって／我々は生かされています。／
あらゆる生命《いのち》を生み／育て／生かして下さる大地の／
限りなき恵みに／心より感謝申し上げます。／
世界人類が平和でありますように／
大地を司る神々様有難うございます。

山への感謝

人類を代表して／山を司る神々様に／感謝申し上げます。／
山さん、有難うございます。／
我々は／あなた様によって生かされています。／
その限りなき恩恵に／心より感謝申し上げます。／
そのお心も知らぬ／人類の勝手気ままの振舞いを／
どうぞお許し下さい。／噴火、爆発、山くずれを起こさせ／
我々に目覚めを促されるお心を／どうぞおしずめ下さい。／
世界人類が平和でありますように／
山を司る神々様有難うございます。

食物《たべもの》への感謝

人類を代表して／食物を司る神々様に／感謝申し上げます。／
すべての食物さん、有難うございます。／
我々は／あなた方によって生かされています。／
にもかかわらず／人類がとってきた／食物に対するわがまま／
不平不満／感謝の足りなさを／どうぞお許し下さい。／
我々を生かし働かして下さる／エネルギー源の／すべての食物に／
心より感謝申し上げます。／
世界人類が平和でありますように／
すべての食物を司る神々様有難うございます。

肉体への感謝

人類を代表して／肉体に感謝申し上げます。／
私の肉体を生かしている／すべての機能／すべての血液／すべての骨／
すべての体液／すべての神経／すべての筋肉／すべての内臓／
すべての器官／肉体を構成している／一つ一つの細胞さん／
有難うございます。／
肉体は／神様のみ心を現わす大事な場。／
肉体なくして／この世に完全平和を実現することは出来ません。／
我々は／我々の肉体を／尊い神の器として／神の表現体として／
尊敬し、愛し、大切にいたします。／
世界人類が平和でありますように／
肉体さん有難うございます。／
肉体さんの天命が完《まっと》うされますように

水への感謝

人類を代表して／水を司る神々様に／感謝申し上げます。／
水さん、有難うございます。／
我々は／あなた様なくして生きてゆかれません。／
なのに人間のエゴによって／あなた様を汚している／
愚かさをどうぞお許し下さい。／
我々はあなた様の存在／
あなた様のお働きに／深く深く感謝申し上げます。／
世界人類が平和でありますように／
お水さん有難うございます。／
水の天命が完《まっと》うされますように

植物への感謝

人類を代表して／植物を司る神々様に／感謝申し上げます。／
草／花／樹／すべての植物さん／有難うございます。／
我々はあなた様によって／生かされ／慰められています。／
その限りない恩恵に／心より感謝申し上げます。／
そのお心もわきまえぬ／人類の身勝手な振舞いを／
どうぞお許し下さい。／
世界人類が平和でありますように／
植物を司る神々様有難うございます。

動物への感謝

人類を代表して／動物を司る神々様に／感謝申し上げます。／
昆虫類／魚介類／爬虫類／鳥類／哺乳類／
その他のすべての動物さん／有難うございます。／
我々はあなた様によって生かされ／栄えて来ました。／
その限りなき恩恵に／心より御礼申し上げます。／
そのお心を無視した／人類の心なき振舞いを／
どうぞお許し下さい。／
世界人類が平和でありますように／
動物を司る神々様有難うございます。

鉱物への感謝

人類を代表して／鉱物を司る神々様に／感謝申し上げます。／
岩／石／石炭／石油／その他すべての鉱物さん／
有難うございます。／
我々は／あなた様によって／日々生かされております。／
その限りなき恩恵に／心より御礼申し上げます。／
そのお心に気づかず／また気づきながらも／
人類のとる無責任なる行動を／どうぞお許し下さい。／
世界人類が平和でありますように／
鉱物を司る神々様有難うございます。

天象への感謝

人類を代表して／天象を司る神々様に／感謝申し上げます。／
空気／雨／風／雪／雲／星々／その他すべての天象／
有難うございます。／
我々は／あなた様によって／日々生かされております。／
その限りない恩恵に／心より御礼申し上げます。／
その広きお心を知らぬ／人類の傍若無人なる振舞いを／
どうぞお許し下さい。／
世界人類が平和でありますように／
天象を司る神々様有難うございます。

空気への感謝

人類を代表して／空気を司る神々様に／感謝申し上げます。／
空気さん有難うございます。／
我々は／あなた様によって／瞬々刻々生かされています。／
あなた様なくして／生きてゆかれません。／
にもかかわらず／人類のエゴによって／あなた様を汚している／
愚かさを／どうぞお許し下さい。／
我々は／あなた様の限りなき恩恵に／心より御礼申し上げます。／
世界人類が平和でありますように／
空気を司る神々様有難うございます。

太陽への感謝

人類を代表して／太陽を司る神々様に／感謝申し上げます。／
太陽さん有難うございます。／
我々は／あなた様のエネルギーによって／
瞬々刻々生かされています。／
あなた様なくして／すべての生物は／生きてゆかれません。／
その限りなき恩恵に／心より御礼申し上げます。／
世界人類が平和でありますように／
太陽を司る神々様有難うございます。

西園寺昌美（さいおんじ　まさみ）
祈りによる世界平和運動を提唱した故・五井昌久氏の後継者として、〈白光真宏会〉会長に就任。その後、非政治・非宗教のニュートラルな平和活動を推進する目的で設立された〈ワールド　ピース　プレヤー　ソサエティ（国連NGO）〉代表として、世界平和運動を国内はもとより広く海外に展開。1990年12月、ニューヨーク国連本部総会議場で行なった世界各国の平和を祈る行事は、国際的に高い評価を得た。1999年、財団法人〈五井平和財団〉設立にともない、会長に就任。2005年５月、「Symphony of Peace Prayers ～世界平和交響曲　宗教・宗派を超えて、共に世界の平和を祈る（SOPP）」を開始。2013年２月には国連総会議場で開催された「United for a Culture of Peace Through Interfaith Harmony（国連総会議長らが主催のセレモニー）」の中で「Symphony of Peace Prayers」が行なわれた。その際、SOPP提唱者としてスピーチを行ない、多大な賛同を得た。2008年には西園寺裕夫氏（五井平和財団理事長）と共に、インド世界平和賞「哲学者　聖シュリー・ニャーネシュワラー賞2007」を受賞。2010年には「女性リーダーサミット」で第１回目の「サークルアワード」を受賞。ブダペストクラブ名誉会員。世界賢人会議（WWC）メンバー。
『明日はもっと素晴しい』『我即神也』『世界を変える言葉』『果因説～意識の転換で未来は変わる』『人生と選択１・２』『ドアは開かれた――一人一人の意識改革』（以上、白光出版）
『あなたは世界を変えられる（共著）』『もっともっと、幸せに』『無限なる幸せ』（以上、河出書房新社）　など著書多数。

発行所案内：白光（びゃっこう）とは純潔無礙なる澄み清まった光、人間の高い境地から発する光をいう。白光真宏会出版本部は、この白光を自己のものとして働く菩薩心そのものの人間を育てるための出版物を世に送ることをその使命としている。この使命達成の一助として月刊誌『白光』を発行している。

白光真宏会出版本部ホームページ　http://www.byakkopress.ne.jp/
白光真宏会ホームページ　http://www.byakko.or.jp/

クリエイティング・ザ・フューチャー
――未来創造

平成二十七年十二月二十五日　初版

著者　西園寺　昌美
発行者　吉川　讓
発行所　白光真宏会出版本部
〒418-0102　静岡県富士宮市人穴八一二―一
電話　〇五四四（二九）五一〇九
FAX　〇五四四（二九）五一二二
振替　〇〇一二〇・六・一五一三四八
東京出張所
〒101-0064　東京都千代田区猿楽町二―一―一六
下平ビル四〇一
電話　〇三（五二八三）五七九八
FAX　〇三（五二八三）五七九九

印刷所　株式会社　明　徳

乱丁・落丁はお取り替えいたします。
定価はカバーに表示してあります。

ISBN978-4-89214-211-6 C0014